DIEU ATTEND-IL UN MOMENT D'INTIMITE AVEC VOUS?

DWIGHT ROBERTSON

FORGE

Dieu attend-il un moment d'intimité avec vous?

Quatrième Édition de la version anglaise
© 2022 by Forge. All rights reserved.

Published by Forge, 14485 East Evans Avenue,
Denver, Colorado 80014

ISBN 979-8-9866057-2-2 (version papier)
ISBN 979-8-9866057-3-9 (version numérique)

Traduit par Windel Benjamin ETIENNE

Les demandes d'utilisation du matériel contenu dans cette
publication doivent être adressées par écrit à l'adresse suivante:
Éditeur, Forge 14485 East Evans Avenue, Denver, Colorado 80014

Première édition, 2002.
Écrit par Dwight Robertson.

Visitez-nous en ligne à l'adresse www.forgeforward.org

« Comme une biche tourne la tête vers le cours d'eau, je me tourne vers toi, ô Dieu ! J'ai soif de Dieu, du Dieu vivant ! Quand donc pourrai-je aller et me présenter devant Dieu ? »

_____ Psaumes 42 : 2-3

CONTENTS

SOIF DE PLUS

A u début de ma relation avec Dieu, je me rappelle à quel point mon temps de dévotion quotidienne avait toujours l'air de quelque chose de précipité. Alors que je cherchais à connaître Dieu plus intimement, je finissais généralement par bachoter comme un fou pour battre l'horloge. J'avais soif de Dieu et boire un peu dans sa coupe ne suffisait pas.

Souvent, je repartais plus assoiffé que lorsque j'ai commencé.

Comme le psalmiste, je *désirais ardemment* un temps avec Dieu qui ne soit pas obligé de se terminer avant d'avoir vraiment commencé. Je voulais aller plus loin avec Lui que ne le permettaient quelques minutes ici et là.

Lorsqu'une tempête de neige inattendue ou un ciel ouvert le samedi matin m'a permis de passer plus de temps avec Dieu, j'ai adoré. C'était presque comme un rendez-vous romantique surpris. Mais ces opportunités ne se sont pas produites très souvent.

Je *soupirais* après plus.

Finalement, j'ai réalisé que je n'avais pas besoin

d'*attendre* que ces moments rares et inattendus se produisent pour passer du temps seul avec Dieu. Je n'avais pas à *attendre* d'être à sec et d'avoir soif de son eau vive avant de boire à satiété. Je n'avais pas à passer juste assez de temps avec Lui pour maintenir à peine vivante ma relation d'amour avec Lui.

Pourquoi ne pas *planifier* des moments avec Dieu afin de cultiver une intimité qui aiderait notre relation à s'épanouir ?

Pourquoi ne pas avoir des moments d'intimité avec Lui ?

Les maris et les femmes avisés n'*attendent* pas que leur mariage soit en difficulté pour accorder d'abord la priorité à leur relation conjugale. Passer du temps ensemble est une priorité pour chacun d'eux.

Et les meilleurs amis n'attendent pas de voir s'ils pourraient se retrouver dans des moments inattendus ensemble. De manière proactive, ils consacrent du temps l'un pour l'autre. Ils planifient des moments ensemble et protègent ces moments en les inscrivant dans un agenda. S'ils ne le font pas, probablement ils ne resteront pas de meilleurs amis pour très longtemps.

J'ai décidé d'être proactif, moi aussi, avec la relation la plus importante de ma vie. J'ai commencé à programmer des moments avec Dieu *à dessein et à l'avance* et je les inscrivais dans mon agenda.

Parfois, c'était un samedi matin, un dimanche après-midi ou un soir de semaine. D'autres fois, cela devait durer presqu'une journée entière.

J'ai rapidement réalisé que l'augmentation de la *quantité* de temps que je pouvais passer avec Lui augmentait aussi la *qualité* de temps que nous avons passé ensemble. Je n'avais pas à précipiter les choses, et cela a rendu mon temps avec Lui plus riche et plus profond qu'il ne l'avait jamais été.

Je Lui donnais tellement plus de moi-même et je recevais tellement plus de Lui en retour !

Je me suis retrouvé à attendre avec impatience ces temps paisibles. Ils m'ont permis de lire plus, de réfléchir plus, de méditer plus profondément sur Dieu et sur sa Parole, de réfléchir plus globalement sur ma vie et de parler avec Dieu sur tout.

Et j'ai grandi. J'ai grandi davantage dans ma compréhension de Dieu et dans mon amour pour Lui. Plus je passais du temps avec Lui, plus je valorisais ce qu'Il valorise et plus j'aimais comme Il aime.

J'ai trouvé un outil très simple qui a transformé ma vie : des moments réguliers d'intimité avec Dieu.

TEMPS DE SOLITUDE

Q uand ma femme, Dawn et moi venions à peine de nous marier, Dieu a placé dans nos vies un plus vieux couple marié qui représentait pour nous ce à quoi ressemble un mariage passionné et dynamique.

Nous avons remarqué que chaque fois qu'ils étaient ensemble, leurs yeux pétillaient, leur démarche s'allégeait et leur cœur semblait danser. Même au milieu de leur vie bien remplie, ils ne semblaient jamais s'oublier l'un l'autre ou se prendre pour acquis.

Ils n'avaient pas un mariage moyen. Ils avaient quelque chose de spécial. Et Dawn et moi voulions savoir comment garder *notre* mariage aussi frais et vivant que le leur.

Ainsi, nous les avons demandés de nous confier leur secret.

Ils nous ont dit qu'ils avaient fait quelque chose de très simple, mais que cela avait rapporté d'énormes dividendes dans leur relation. Pendant toutes leurs années de mariage, ils ont dit qu'ils n'avaient jamais cessé de sortir ensemble ! Ils avaient des soirées de sortie romantique régulières qu'ils préservaient, même si leur vie était très chargée.

Cela semblait assez simple et le résultat dans leur vie était irréfutable, alors nous avons décidé de sortir de nouveau nous-mêmes ensemble, et c'est ce que nous faisons depuis. Cela nous a coûté aussi d'énormes investissements pour notre mariage.

Les exigences de la vie

Malheureusement, de nombreux couples ont permis à la romance qui était présente dans les premiers jours de leur relation diminuer, car ils ont tendance à épuiser leur énergie à cause des exigences et des détails de la vie, comme : le travail, la gestion des finances, l'éducation des enfants et l'entretien de la maison. Au fil du temps, ils arrêtent de jouer ensemble, d'être attentionnés et les choses créatives qu'ils faisaient au début de leur relation pour exprimer leur amour l'un pour l'autre.

Si un couple ne fait pas attention, la relation peut se réduire à se débrouiller avec la vie sans pour autant construire un mariage d'amour.

Pour ma femme et moi, les sorties romantiques sont l'occasion de mettre de côté ces exigences quotidiennes pour se rappeler pourquoi nous sommes ensemble et ce que nous aimons l'un chez l'autre. Ils nous permettent de savourer la bonté de la vie, et ils nous donnent du temps pour partager l'un avec l'autre d'une manière qui nous revitalise et revitalise aussi notre relation.

Les moments d'intimité réguliers nous donnent une chance continue de nous concentrer l'un sur l'autre et sur la santé de notre mariage, peu importe les préoccupations de la vie.

Moment d'intimité avec Dieu

Les comparaisons entre l'approfondissement de nos relations humaines et l'approfondissement de notre relation avec Dieu sont étonnamment similaires.

En fait, si vous écoutez et regardez la vie des hommes et des femmes dont la relation avec Dieu est profonde et intime, vous verrez qu'ils ont passé beaucoup de temps avec Lui.

Je ne parle pas de ceux dont la spiritualité est limitée à quelques moments passés à l'église les dimanches. Je parle de ces gens pieux autour de vous qui ont une relation avec Dieu qui est aussi vibrante durant la semaine que quand ils sont à l'église.

Les différences que vous verrez dans leur vie sont les investissements qu'ils font en passant des temps intenses avec Dieu. En d'autres termes, ils ne cessent jamais d'être amoureux de Dieu.

Passer des moments d'intimité réguliers avec Dieu vous permettra de mieux Le connaître. Ce faisant, vous verrez que votre amour pour Lui augmentera de plus en plus. Cela vous permettra aussi de mieux vous connaître, bons et mauvais côtés. Finalement, cela provoquera une croissance dans votre vie que vous n'avez jamais expérimentée avant.

C'est ce que cela a fait pour moi.

3

SANS PRÉCIPITATION ET SANS DISTRACTION

Pour la plupart d'entre nous, le problème est que nous pensons que nous sommes trop occupés et trop pressés pour passer plus de temps avec Dieu.

Nous nous empressons de faire notre travail pour pouvoir en faire plus. Nous prenons nos repas en toute hâte pour pouvoir passer à d'autres choses « plus importantes ». Nous nous dépêchons d'aller et venir d'un endroit à un autre, pensant que notre temps de trajet entre les arrêts est gâché. Nous sommes très pressés dans les rencontres quotidiennes avec des étrangers, les considérant ainsi comme des perturbations de nos horaires.

Très souvent, nous sommes pressés dans les temps que nous consacrons à nos amis et familles les plus proches.

Temps non précipité

Vous n'avez pas besoin d'aller trop loin pour voir le grand pouvoir du temps et la bénédiction qu'il y a à passer des temps non précipités avec nos proches.

Vous rappelez-vous la dernière fois que vous

avez participé à un week-end de retraite ou que vous avez passé la nuit avec un ami et que vous avez fini par converser tard dans la nuit. ? Ou la dernière fois que vous avez entrepris un long voyage avec quelqu'un et que vous avez eu des heures de voyage pour échanger et apprendre à se connaître ?

Votre intention n'était peut-être pas de vous rapprocher de l'autre personne, mais la relation s'est probablement approfondie en raison du temps que vous avez passé à échanger.

Un moment d'intimité avec Dieu vous donne le même genre de temps libre avec Lui qui permet à la relation de croître en profondeur et en intimité.

La précipitation est un ennemi des relations. C'est aussi souvent un ennemi de votre âme.

Une attention sans partage

Une partie du pouvoir de s'éloigner de tout le monde et de tout le reste avec une autre personne est que vous pouvez mieux lui accorder toute votre attention. La personne peut faire la même chose avec vous.

Dans le cours normal de la vie quotidienne, nous divisons notre attention entre beaucoup de gens et de choses en même temps. Nous avons appris qu'être multitâches est le moyen d'être productif dans la vie. Les employés divisent leur attention entre plusieurs projets de travail afin de pouvoir en faire plus. Les étudiants divisent leur attention entre les devoirs et la télévision, ou écouter de la musique pour rendre l'expérience plus agréable. En tant qu'auditeurs, nous partageons notre attention entre ce que dit l'autre personne et les pensées sur des questions plus urgentes dans nos vies.

« Où que vous soyez, soyez là en entier, disait Jim Elliot. » C'est une citation que nous devrions tous garder devant nous alors que nous combattons les influences d'un monde pressé et qui semble avoir un Trouble Déficitaire d'Attention.

Je pourrais peut-être prendre la même idée et lui donner une tournure légèrement différente : « Peu importe avec qui vous êtes, donnez-lui toute votre attention. »

Vous n'avez pas besoin de regarder loin pour voir le grand pouvoir et la bénédiction d'accorder une pleine et entière attention à quelqu'un. Vous n'avez qu'à regarder un enfant à qui ses parents accordent une attention totale.

Ou regardez ce qui arrive à deux jeunes qui sont amoureux l'un de l'autre. Ils veulent être seuls ensemble, loin de tout le monde, puis concentrez-vous uniquement sur chacun d'eux. Ils veulent se rapprocher et leur intimité grandit rapidement parce qu'ils s'accordent toute leur attention.

J'ai découvert que les moments d'intimité avec Dieu me permettent de me concentrer davantage sur Lui et sur ce qu'Il veut me dire. Ils me permettent d'*être entièrement présent* pendant que je suis assis à Ses pieds et que j'écoute. Le résultat est que j'apprends à Le connaître plus, et ce faisant, je deviens plus semblable à Lui.

4

TROUVEZ VOTRE ZONE DE SÉCURITÉ

Dans la tauromachie espagnole, il y a un endroit dans le ring où le taureau se sent en sécurité. Cela s'appelle *querencia*.

Si le taureau peut atteindre cet endroit, qui est différent pour chaque taureau, il arrête de courir. Vous pouvez voir le taureau mobiliser toute sa force. Soudain, il n'a plus peur. Et il devient dangereux pour son adversaire.

C'est pourquoi le travail du matador est de savoir où se trouve ce sanctuaire pour chaque taureau et ensuite de s'assurer que le taureau n'a jamais l'opportunité de l'atteindre.

Cela ressemble beaucoup au travail de notre ennemi spirituel, n'est-ce pas ? Satan, lui aussi, veut nous éloigner de notre *querencia*, pour que nous n'ayons pas la chance de trouver notre courage, notre force, notre centre de gravité spirituel et de devenir dangereux pour lui.

Le Querencia de Jésus

En lisant les Evangiles, vous voyez Jésus continuellement trouver Son propre *querencia* personnel. Luc 5:16 dit qu'Il « se retirait souvent dans des endroits solitaires pour prier ». Encore et encore, Il s'est retiré de la foule, de même Ses amis intimes, les disciples, et passa du temps seul avec Son Père pour retrouver concentration et force.

Chaque fois qu'il est sorti pour être seul en tête-à-tête avec Dieu, il y avait une expression de la puissance du Royaume sur la terre.

Dans l'Ancien Testament, Moïse a également trouvé son *querencia*. Il a passé de longs moments seul avec Dieu où Dieu a agi dans son cœur de manière puissante et lui donna des messages pour le peuple d'Israël pour d'innombrables générations à venir.

Pour certains, cela semble être irresponsables de la part de Moïse et de Jésus de laisser les foules derrière eux pour de telles périodes de temps si longues. (Rappelez-vous le problème qui s'est produit avec les Israélites pendant que Moïse était absent ?) Les gens qu'ils laissaient derrière eux avaient désespérément des besoins et avaient besoin de leurs conseils. Était-ce vraiment bien de leur part de s'éloigner de leurs responsabilités pendant si longtemps afin de pouvoir rencontrer Dieu ?

Chacun de nous peut se poser la même question de temps en temps. Nous avons tous des gens qui ont besoin de nous et qui dépendent de nous, et parfois leurs besoins semblent critiques et pressants. Donc, ça peut avoir l'air d'irresponsabilité de s'éloigner d'eux pendant un certain temps pour passer plus de temps avec Dieu.

Mais Jésus et Moïse ont tous deux démontré que le *querencia* est absolument nécessaire pour que nous puissions opérer dans la force et la puissance de Dieu. Si Jésus en avait besoin, qu'en est-il de vous et moi ?

Nous devons être convaincus que l'intimité avec Dieu est une base pour servir les autres et nous devons être prêts à les confier entre les mains puissantes de Dieu pendant que nous passons du temps avec Lui.

Les moments d'intimité réguliers avec Dieu sont une chance pour vous de trouver votre propre *zone de sécurité (querencia)* personnelle. Ils fournissent pour vous un environnement pour trouver la paix, la sagesse, le courage, la force et l'amour qui découlent naturellement du fait de mieux connaître Dieu et d'être plus proche de Lui.

Mais comme le matador dans le combat des taureaux, Satan ne veut pas que vous trouviez votre *querencia*. Il déploiera de grands efforts pour vous arrêter. Cela fait peut-être partie de la raison pour laquelle nous avons tous du mal à y arriver. C'est pourquoi nous trouvons tous si difficile d'avoir ces moments d'intimité avec Dieu et de les respecter.

Notre ennemi a concocté toutes sortes de stratégies pour nous garder pressés et détourner notre attention de Dieu pour que nous passions à côté de la joie et de la force qui proviennent des moments calmes et de concentration totale avec Lui.

5

PLANIFIEZ VOTRE MOMENT
D'INTIMITÉ

Satan a tout un arsenal d'armes qu'il utilisera pour vous empêcher de trouver votre zone de sécurité (querencia) en Dieu. L'une de ses plus grandes armes est de vous convaincre que vous êtes trop occupés.

J'ai trouvé que l'un des plus grands défis pour avoir un moment d'intimité avec Dieu c'est de *prendre le temps de le faire*. Si je n'en fais pas une priorité et ne l'inscris pas tôt dans l'agenda, comme je le ferais pour n'importe quel autre rendez-vous important, cela n'arrivera pas.

Pensez au nombre de fois où vous avez dit à un ami : « Il faut qu'on se voie un jour ! » Malgré vos meilleures intentions, ce n'est qu'au moment où vous fixez un rendez-vous que cela se produit.

Demandez à n'importe quel couple marié qui ne sort pas ensemble. Généralement, ce n'est pas que les époux ne veulent pas ; c'est plutôt qu'ils ne planifient plus de *sortie romantique*.

C'est aussi vrai pour les moments d'intimité avec Dieu. Les gens qui veulent de longs moments d'intimité avec Dieu doivent sortir leur agenda et planifier des heures pour être avec Lui. Généralement cela ne se passe pas autrement.

Fixez l'heure

Dawn et moi avons appris très tôt dans notre vie conjugale amoureuse que vendredi n'est pas la seule nuit magique pour la romance. Nous avons constaté que les sorties romantiques peuvent être excitantes à différents moments de la journée et à différents jours de la semaine.

De même, lorsque vous planifiez des moments d'intimité avec Dieu, vous devez sortir du schéma faisant croire qu'il y a un jour et une heure parfaits. N'importe quel moment peut fonctionner.

Le plus important est de le *planifier* à l'avance de *manière proactive*.

Mais inscrire une date dans un agenda n'est qu'un début. La partie la plus difficile est peut-être de la protéger. D'autres choses importantes et apparemment plus urgentes s'insinueront et menaceront le temps.

Je peux presque vous promettre ceci : ce sera très difficile pour vous de protéger vos moments d'intimité avec Dieu.

Des choses distrayantes surgiront naturellement. Si cela n'a pas rendu les choses assez difficiles, l'ennemi de votre âme fera tout ce qui est en son pouvoir pour vous éloigner de votre temps fixé avec Dieu.

Dans mon plus jeune âge, quand j'avais du mal à dire non aux gens, j'avais recours à un marqueur permanent noir pour noircir le rendez-vous. (C'était évidemment avant que nous utilisions les systèmes électroniques pour planifier nos vies.) Tout l'espace pour ce jour-là sur mon agenda était tout noir. C'était le seul moyen de protéger le rendez-vous. Je ne pouvais rien écrire d'autre ce jour-là. Donc, c'était vraiment non négociable.

Le rendez-vous n'existait pour rien ni personne d'autre.

C'est vraiment une question de priorité. Je n'annulerais pas une sortie romantique avec ma femme juste parce que quelque chose d'autre survient. Dans le cas contraire, nous serions tous les deux déçus. Par conséquent, je ne veux pas annuler un moment d'intimité avec Dieu non plus. J'ai appris à garder ces moments jalousement, refusant de reporter à moins que quelque chose d'absolument crucial m'empêche vraiment de réaliser mon moment d'intimité.

Dans ce cas, je reprogramme immédiatement une journée dans un futur très proche. Si je ne le fais pas, c'est effectivement annulé, pas seulement reporté.

Si d'autres pensent qu'ils ont besoin de nous ce jour-là, nous pouvons nous sentir coupables de dire non. Mais, sauf dans des cas rares et extrêmes, nous avons vraiment besoin de le faire. Un moment d'intimité avec Dieu aura rarement l'air d'être aussi urgent que d'autres questions de la vie, mais c'est l'une des choses les plus importantes que nous puissions faire.

Cela me rappelle le récit biblique de la visite de Jésus chez Marie et Marthe. Jésus ne disait pas que l'activité de Marthe n'était pas importante. Il disait que le choix de Marie de s'asseoir à Ses pieds était meilleur. Autrement dit, c'était plus important.

Vous serez continuellement tentés de faire passer des choses moins importantes avant votre moment d'intimité avec Dieu. La clé est de le planifier à l'avance et de le respecter dans votre vie.

Trouvez votre endroit

Il y a un dicton bien connu dans l'immobilier qui dit que les trois choses les plus importantes à considérer lorsque vous choisissez d'acheter une propriété sont « l'endroit, l'endroit, l'endroit. »

L'endroit est tout aussi important lors d'un moment d'intimité avec Dieu.

Pour la plupart des gens, l'endroit d'un moment d'intimité avec Dieu a besoin d'être quelque part en dehors de la maison ou un espace vital. Vous souhaitez vous éloigner des interruptions et des schémas de pensée des endroits les plus occupés de votre vie. C'est pourquoi les couples ont des sorties romantiques.

Vous ne voulez pas être distrait par la pelouse qui n'a pas été tondue, la vaisselle qui n'est pas faite, la pile de devoirs qui s'accumule, le flux de personnes qui entrent et sortent, la présence de votre ordinateur (avec des courriers électroniques) ou la sonnerie du téléphone.

Un autre avantage d'aller dans un endroit qui sort de l'ordinaire est la créativité que cela peut susciter. Il y a juste quelque chose dans les endroits calmes et réfléchis qui font souvent émerger des pensées plus profondes. Les amoureux n'écrivent pas souvent des pensées poétiques dans un bureau ou dans l'agitation de l'autoroute. C'est quand ils sont dans des environnements romantiques et expressifs qu'ils commencent à se parler de manière plus personnelle et sincère.

La nature est un endroit idéal pour être créatif

peut-être parce que c'est là que l'expression créative de Dieu est tout autour. Comme le vent fait flotter les feuilles et la lumière naturelle change de minute en minute, cela empêche votre processus de pensée de devenir stagnant.

Mon endroit préféré pour mes moments d'intimité avec Dieu se trouve dans un parc national. Je m'assois sous quelques arbres près du bord de l'eau, et tandis que j'écoute les clapotements de l'eau, c'est presque comme si l'Esprit de Dieu rodait sur mon âme. Cela m'emmène dans de nouveaux endroits.

Que vous viviez près des montagnes ou de la plage, en ville ou dans les plaines, vous pouvez trouver un parc, une réserve naturelle, ou juste une simple prairie ou un champ où vous pouvez apprécier la beauté et la puissance de Dieu.

Lorsque le climat ne vous permet pas d'être à l'air libre, vous pouvez également trouver de nombreux endroits intérieurs géniaux. Les salles de classe de l'école du dimanche dans les églises sont rarement utilisées et souvent disponibles pendant la semaine. D'autres gens vous autoriseront souvent à utiliser leur maison pendant une journée de travail. Des amis à moi aiment même aller dans un café ou une bibliothèque pour leurs moments d'intimité avec Dieu.

Vous pourriez trouver un endroit préféré qui deviendra votre lieu de rendez-vous spécial, ou vous aimerez peut-être la variété d'aller à quelques endroits différents, peut-être même aller à plusieurs endroits pendant le même moment d'intimité.

Cela peut prendre un certain temps pour trouver des endroits qui fonctionnent le mieux pour vous. Lorsque j'ai emménagé dans un nouvel endroit, j'ai essayé plusieurs endroits jusqu'à ce que je trouve ce que je considérais comme « mon p'tit endroit ».

Où que vous choisissiez, je vous suggère fortement de passer au moins une partie de votre temps dans un endroit *isolé*, un endroit où vous vous sentez à l'aise pour vous exprimer avec Dieu. Un moment d'intimité dans un cadre public fonctionne bien pour certaines personnes, mais cela peut aussi avoir des inconvénients. Par exemple, mes rendez-vous peuvent impliquer de s'allonger prostré devant Dieu, ou de me recroqueviller pour faire une croute sieste en sa présence. Je peux m'allonger sur le dos, regarder à travers les arbres et écouter de la musique de louange. Souvent, je veux pouvoir prier à haute voix ou chanter pour Dieu, ce serait gênant si j'étais dans un lieu public.

Surtout, je ne veux pas attirer les regards sur moi ; c'est un moment privé entre Dieu et moi. Si j'utilise un endroit intérieur, je mettrai même une note sur la porte : « Réunion importante en cours. NE PAS DÉRANGER. » Je ne veux en aucun cas me sentir inhibé par la pensée inconfortable que quelqu'un pourrait entrer.

6

SOYEZ PRÊT

S i vous n'avez jamais rien fait de tel auparavant, vous pouvez ressentir une certaine anxiété à l'idée de passer autant de temps seul avec Dieu.

Plusieurs heures à ne rien faire ?

Cela paraît écrasant et même intimidant. Mais il n'y a aucune raison pour que vous ne puissiez pas commencer petit à petit. Un moment d'intimité avec Dieu peut être n'importe quoi, d'une heure à une journée entière.

Je me souviens avoir été très nerveux en conduisant à l'occasion de ma première sortie romantique avec ma femme. J'avais de grands espoirs, mais je ne savais pas à quoi m'attendre.

Quand j'ai franchi la porte, Dawn m'a mis à l'aise quand elle a immédiatement dit : « Je suis vraiment nerveuse. Êtes-vous nerveux ? »

Nous avons tous les deux ri et tout d'un coup je ne me sentais plus mal à l'aise. Nous n'avions pas besoin de jouer l'un pour l'autre ce soir-là. Au lieu de cela, nous allions droit au but, en disant : « Ceci est une nouvelle expérience et mon niveau de confort n'est pas si élevé tout de suite. Mais je suis sûr que j'ai hâte d'y être ! »

Si c'est ce que vous ressentez, soyez honnête et transparent devant Dieu. Commencez votre moment d'intimité avec Dieu en Lui disant : « Je suis un peu nerveux à ce sujet. Je ne l'ai jamais fait avant et j'ai un peu d'anxiété. »

Souvent, le simple fait d'admettre ces sentiments de nervosité peut vous mettre plus à l'aise. C'est le plus grand but de votre moment d'intimité avec Dieu : être à l'aise avec Celui que vous aimez.

Des rendez-vous qui vous sont propres

Tout comme il n'y a pas deux mariages identiques, vos moments passés avec le Seigneur seront différents de ceux de quelqu'un d'autre parce que votre relation avec Lui est unique. Pendant que vous planifiez un moment d'intimité avec Dieu, ne vous sentez pas comme si vous deviez entrer dans le moule de quelqu'un d'autre. D'autres personnes peuvent vous fournir de nombreuses idées et peuvent vous aider à découvrir de nouvelles façons de se connecter avec Dieu, mais en fin de compte, c'est VOTRE moment d'intimité avec Dieu.

Le but de ce livret est de vous donner un réservoir d'idées dans lequel puisé, c'est-à-dire quelques suggestions pour vous aider à commencer à réfléchir à la façon dont vous pouvez planifier votre propre moment d'intimité avec Dieu. Ne le considérez pas comme une liste de contrôle en vous donnant une note d'échec si vous n'avez pas fait ceci ou cela.

Peu de temps après mon mariage, j'ai trouvé une liste pour maris dans la quatrième de couverture d'un livre. Elle décrit 101 façons d'aimer votre femme. Je ne l'ai pas lu et dit : « Eh bien, je ne fais que treize d'entre elles, donc je suis un échec. » Je cherchais simplement quelques idées créatives pour améliorer mon mariage.

Utilisez cette liste de ressources d'expressions créatives, ce qui n'est en aucun cas exhaustive, pour améliorer votre relation d'amour avec Dieu, mais pas pour vous critiquer. Laissez-la vous aider à trouver vos propres moyens de grandir en amour pour Lui.

Choisissez les idées qui vous plaisent ou proposez les vôtres. Si une certaine idée ne fonctionne pas, essayez autre chose. N'ayez pas peur d'essayer quelque chose que vous ne feriez pas normalement. Allez faire une randonnée peut ne pas sembler prometteur au début, mais vous pouvez expérimenter Dieu de nouvelles manières alors que vous essayez de nouvelles choses.

Mais rappelez-vous que ces activités (en elles-mêmes) ne sont pas le but : l'amitié avec Dieu l'est.

Il n'y a pas de formule. Vous ne pouvez pas vous tromper aussi longtemps que vous passez du temps intime avec Lui et que vous vous rapprochez de Lui.

Occupez-vous des détails

Quand je planifie une sortie romantique avec ma femme, je la vois sur l'agenda et je commence à l'attendre avec impatience des semaines à l'avance. Je pense au restaurant, je fais une réservation et des préarrangements pour avoir de la bonne musique dans la voiture ou même je m'arrête pour prendre une carte ou des fleurs.

La planification aide à rendre la sortie

romantique encore plus significative pour nous deux.

Maintenant, je sais que vous pouvez ou non être un bon planificateur. La planification peut être amusante pour vous, ou elle peut être une corvée. Mais un peu de planification à l'avance de votre moment d'intimité avec Dieu peut le rendre de loin plus significatif.

Je veux que mes moments d'intimité avec Dieu soient géniaux. En conséquence, je pense à l'avance à ce que je veux prendre avec moi ou faire pendant que nous sommes ensemble. Je commence à mettre dans mon sac un livre, de la musique, de la nourriture et n'importe quoi d'autre qui me vient à l'esprit avant le jour de mon moment d'intimité.

Alors que vous planifiez à l'avance, demandez à Dieu de porter à votre attention les choses que vous pourriez apporter qui rendraient le moment d'intimité excitant, amusant et profondément significatif. Prenez tout ce qui rendra cela plus significatif pour vous.

Grandes attentes

Peu importe combien vous vous préparez, rappelez-vous que les moments d'intimité avec Dieu sont censés être des moments d'*être*, pas seulement des moments de faire. Ne pensez pas que votre rendez-vous doive être rempli dans un agenda. Parfois, nous avons seulement besoin de sortir de nos routines normales et d'*être* avec Dieu, appréciant sa présence et se reposant dans son amour.

Lors de mes sorties avec Dawn, je pense toujours « amusement » et « relation », mais pas

« performance ». Mon état d'esprit n'est pas que je dois l'impressionner, mais que nous allons profiter d'être ensemble. Un moment d'intimité avec Dieu est pareil.

Approcher une sortie romantique avec une mentalité de performance cause du stress et vous empêche d'en profiter. Lors de vos moments d'intimité avec Dieu, ne vous attendez pas à repartir avec une grande révélation sur la volonté de Dieu pour votre vie.

Des révélations incroyables peuvent se produire. Elles se produisent souvent. Mais si vous entrez dans le moment d'intimité avec votre agenda de ce que Dieu va faire, vous présumez en ce qui Le concerne et vous aurez probablement l'impression que c'est un échec s'Il ne répond pas à vos attentes.

De même, ne vous attendez pas à repartir de ce moment d'intimité avec une leçon d'école du dimanche bien développée ou une étude biblique. (Nous, les hommes, sommes particulièrement enclins à faire en sorte que le moment d'intimité soit plus une question de travail que de relation avec Dieu.)

Ensuite, ne vous attendez pas à ce que chaque moment d'intimité avec Dieu produise des moments super-spirituels et bouleversants. Élie le prophète a appris dans 1 Rois 19 que Dieu n'était pas dans le vent puissant, ou le tremblement de terre, ou le feu. Il est venu dans un doux murmure.

Rappelez-vous toujours que la finalité des moments d'intimité avec Dieu est de passer du temps avec Lui et de L'apprécier. Ils produisent des effets profonds, cumulatifs et à long terme intimité. Le but est d'éventer votre amour pour lui en une flamme qui brûle régulièrement, mais pas en une étincelle éphémère qui s'éteint rapidement. C'est de ça qu'il s'agit.

Que tout ce que Dieu choisit de faire vienne comme une surprise.

7

LE MOMENT D'INTIMITÉ AVEC DIEU

Vous avez fixé la date. Vous l'avez soigneusement gardée. Vous vous y êtes préparés. Enfin, ça y est.

Que faire maintenant ?

Comme je l'ai dit, ce que vous faites pendant le moment d'intimité devrait être le reflet de qui vous êtes et de la façon dont vous vous approchez le mieux de Dieu. Il n'y a pas qu'une seule façon d'avoir un moment d'intimité. En fait, cela peut les garder frais si vous les faites de manière différente de temps en temps.

Cependant, il y a certaines activités qui, selon moi (et d'autres), peuvent rendre le moment d'intimité avec Dieu très significatif :

Plongez-vous dans les Ecritures et laissez-les vous pénétrer

Un moment d'intimité avec Dieu est une occasion parfaite pour lire plus Sa Parole qu'il n'est normalement possible. Vous pourriez lire un livre plus long de la Bible du début à la fin, ressentir son impact global, ou absorber un livre plus court en le lisant plusieurs fois. Lisez à haute voix si cela garde votre esprit mieux concentré.

Essayez de mémoriser un verset ou révisez des versets que vous connaissez déjà.

Méditez l'Ecriture et priez sur la manière de l'appliquer dans votre vie.

Je vous recommande vivement de retenir d'un moment d'intimité avec Dieu une « grande idée » ou un verset qui vous rappelle souvent ce rendez-vous intime.

Cela peut aussi être un bon moment pour faire un sujet d'étude. Choisissez un mot ou un caractère biblique et cherchez à savoir plus en utilisant une concordance (placée dans la section arrière de nombreuses Bibles) pour trouver des passages y relatifs.

Dans l'un de mes moments d'intimité, j'ai recherché le mot « langue » pour connaître le pouvoir de nos mots. J'étais étonné de tout ce que *Dieu* avait à dire à propos de ce que *nous* disons.

Ne laissez pas cela devenir un moment de préparation pour une tâche d'enseignement ou d'expression orale. C'est un moment d'intimité, mais pas une séance de devoirs ! Amusez-vous et profitez de la lettre d'amour de Dieu pour vous!

Notez vos expériences

Vous pourriez vouloir *écrire* les nouvelles idées que vous gagnez de sa Parole, des pensées et des prières que vous lui adressez ou des notes sur ce qu'Il semble vous enseigner. S'asseoir avec un cahier et un stylo (ou même un ordinateur portable) est un excellent moyen de ralentir et de réfléchir en permettant à Dieu d'aligner votre cœur au sien.

Les entrées de journal peuvent devenir un enregistrement spécial de vos moments intimes avec Dieu. Ils sont un moyen précieux de reconnaître et de se souvenir de Son activité fidèle dans votre vie. Luc 2 verset 19 raconte comment Marie « chérissait toutes ces choses et les médita dans son cœur. »

Une manière de les garder précieusement consiste à les enregistrer.

Un carnet de vie spirituelle (un sera bientôt disponible en français via Forge sur ForgeForward.org/Resources) est un outil formidable pour tenir un registre de l'étude des Écritures, des prières, un journal et d'autres éléments de croissance spirituelle. J'en utilise un depuis des années et il fait toute la différence dans le monde !

Chantez et faites de la musique dans votre cœur

À un certain moment pendant votre moment d'intimité avec Dieu, vous voudrez peut-être vous arrêter de lire ou d'écrire puis laisser la musique soulever votre âme en exprimant vos pensées et vos sentiments d'une manière telle que vos mots seuls ne peuvent pas exprimer. Prenez votre musique, créez une liste de lecture spécialement pour votre moment d'intimité, ou trouvez de la nouvelle musique qui pourrait remuer vos pensées. Le Psaume 96 verset 1e nous dit de « chanter à l'Éternel un cantique nouveau. »

Pendant que vous écoutez, dites simplement à haute voix : « Oui, Seigneur, c'est ce que je ressens pour Toi. »

Une autre option est de vous faire accompagner d'un livre d'hymnes ou de chants de louange. Vous pouvez jouer votre propre instrument ou chanter, même si vous n'êtes pas un chanteur doué. (C'est une autre bonne raison de choisir un endroit où vous êtes seul !)

Un de mes amis (qui n'est certainement pas un chanteur doué) m'a dit que dans un moment d'intimité avec Dieu, il a chanté « La puissante forteresse est notre Dieu » d'un recueil de cantique cinq fois. Il l'a chanté une fois, deux fois, encore et encore jusqu'à ce que, la cinquième fois, il chante triomphalement à tue-tête !

Faites-en un moment d'adoration passionné et de louange jubilatoire. Parfois je ne connais même pas la mélodie de quelques-uns des hymnes et des refrains, mais si les mots me touchent profondément, j'essaierai de composer ma propre mélodie. Mes chansons ne sont peut-être pas merveilleuses, mais l'audience de Dieu est plus intéressée par l'expression de mon cœur que par la perfection de mon habileté.

Présentez vos requêtes à Dieu

Un moment d'intimité avec Dieu est aussi une occasion idéale pour intercéder en faveur des autres à des niveaux plus profonds. Souvent, quand deux membres de la famille ou amis se réunissent, c'est naturel pour eux de parler de leur amour ou de leur préoccupation pour d'autres membres de la famille ou des amis. Cela est aussi vrai dans vos moments d'intimité avec Dieu. C'est une chance de parler plus profondément sur les fardeaux que vous portez pour des personnes qui vous tiennent à cœur.

Planifiez à l'avance et prenez une liste de personnes spécifiques et de besoins pour ne pas oublier ce que vous voulez lever devant le Seigneur. Vous voudrez peut-être prier pour un grand groupe de personnes, comme votre famille élargie, ce que vous ne pourriez pas normalement couvrir durant un matin de solitude. Ou alors vous pourriez prier pour de vieux amis que vous ne voyez plus que rarement.

J'écris souvent quelques brèves notes aux personnes pour lesquelles j'ai priées, leur faisant savoir que j'ai passé du temps à penser à elles et à prier pour elles. J'en prends même quelques minutes de mon moment d'intimité pour écrire ces notes. Quel encouragement que cela peut leur apporter !

Vous pouvez également prendre un cahier ou un journal qui contient d'anciennes listes de prières. Revenez aux anciennes préoccupations en matière de prière en louant Dieu pour les réponses que vous avez vues ou en continuant à prier à nouveau à travers elles.

Parlez-Lui simplement de tout ce qui vous vient à l'esprit. Il entend et aime avoir des conversations avec ceux qu'Il aime. C'est bien VOUS.

Alors taisez-vous et écoutez Dieu. Dans cet ensemble de temps mis à part pour être avec Lui, Il ne veut pas que vous monopolisiez toute la conversation. Il veut aussi vous parler.

Laisse-Le vous parler.

Apprenez des parcours des autres

La plupart du temps, je prends certains livres de développement spirituel avec moi. Ils ne peuvent pas remplacer la Parole de Dieu, mais ces types de ressources peuvent pousser mes pensées et mon cœur dans des directions que je ne pourrais pas penser y aller. D'autres personnes peuvent souvent nous aider à trouver différentes façons de penser à Dieu ou de développer notre intimité avec Lui.

Vous pourriez emporter une biographie sur un homme ou une femme de Dieu pieux du passé, ou lire davantage sur un sujet qui vous intéresse.

La principale chose à garder à l'esprit est que la lecture de sources externes (et toute autre chose que vous faites dans votre moment d'intimité) devrait vous conduire à Dieu, et non vous faire L'oublier.

8

MAXIMISEZ L'EXPÉRIENCE

J'ai un ami proche qui, par essais et erreurs (beaucoup d'erreurs, dit-il), a appris des façons de maximiser ses soirées de sortie romantique avec sa femme. Il fait des choses qui peuvent ne pas fonctionner pour d'autres personnes, mais qui fonctionnent vraiment bien pour lui et sa femme.

Par exemple, ils arrivent toujours au restaurant avant 17h15 aux dîners de sortie romantique afin qu'ils n'aient pas à attendre une place. « Nous voulons maximiser chaque seconde ! dit-il. »

Puis il demande toujours à sa baby-sitter d'avoir ses enfants au lit au moment où lui et sa femme rentrent à la maison afin qu'ils ne soient pas dérangés dans leur état détendu et leur concentration l'un sur l'autre.

De même, vous pouvez également, à travers des essais et erreurs, trouver vos propres façons de maximiser vos expériences de moment intime avec Dieu. Voici quelques choses qui ont fonctionné pour moi :

Festin ou jeûne

Certaines personnes trouvent que le jeûne peut être une partie significative dans un moment d'intimité avec Dieu, offrant une intimité plus profonde et un puissant changement de cœur. Bien que le jeûne soit une pratique importante, j'ai personnellement constaté que mes moments d'intimité avec Dieu ne sont pas le meilleur moment pour moi de jeûner.

Je veux que ces moments soient excitants et amusants pour être avec Dieu et profiter de Lui. En plus, dans mon esprit, la nourriture est souvent synonyme de plaisir.

Quand j'imagine aller à un moment d'intimité sans avoir quelque chose à manger ou à boire, on a l'impression que quelque chose manque.

Ainsi, de la même manière que deux amis se retrouvent pour déjeuner ou prendre un café, ou qu'un couple prépare un pique-nique pour un après-midi romantique, j'ai l'habitude d'emmener mes collations préférées. Souvent, je vais même prendre quelque chose que je ne me permets pas de manger régulièrement, juste pour rendre le moment romantique encore plus spécial.

Vous devrez expérimenter et trouver l'approche qui vous convient le mieux, que ce soit le jeûne ou le festin.

Se reposer dans la présence de Dieu

Si vous vous sentez épuisé pendant votre moment d'intimité, ce qui n'est pas surprenant si vous vivez à un rythme effréné comme la plupart d'entre nous, ne vous sentez pas coupable de faire une petite sieste. Notre corps a besoin de temps pour "décompresser" de l'agitation de nos vies quotidiennes.

Vous pourriez être étonné de voir à quel point vous êtes fatigués après des périodes de lecture ou de prière. Permettez-vous de vous somnoler un moment et reposez-vous simplement dans le Seigneur. Vous n'avez pas besoin de vous sentir coupable. Il veut vraiment que vous vous reposiez en Lui !

Faire une sieste peut vous aider à vous recentrer. Cela signifie que c'est *vraiment* un moment sans précipitation. Considérez cela comme un rappel que vous n'êtes pas capable de faire tourner le monde ! Dieu vous a créé pour avoir besoin de périodes de repos. Il est le seul à n'avoir pas besoin de repos. Sortir de votre moment d'intimité en vous sentant reposé et renouvelé peut être tout aussi important que de partir avec une pénétration profonde d'un passage de l'Écriture. Reposez-vous en Lui.

Enlevez votre montre

Lors de mes moments d'intimité avec Dieu, j'ai appris à enlever ma montre.

Cela ne m'est pas venu naturellement au début parce qu'une si grande partie de ma vie est programmée à un rythme intense. J'ai l'habitude de regarder ma montre en permanence.

Mais pouvez-vous imaginer ce qui se passerait si je n'arrêtais pas de regarder ma montre pendant une sortie romantique avec ma femme ? Cela l'offenserait et me détournerait du plaisir détendu de notre temps ensemble.

Donc, dans mes moments d'intimité avec Dieu, j'enlève ma montre.

Contrairement à mon temps quotidien avec Lui, quand je suis sur un horaire et que je dispose d'un temps limité, je ne suis pas pressé dans ces moments d'intimité.

Je commence régulièrement par dire à Dieu : « Je suis content pour ce temps prolongé avec vous ! C'est un plaisir d'enlever ma montre et de Te laisser savoir combien j'attendais avec impatience ce rendez-vous seul avec Toi. »

Expirer pour inspirer

Une autre chose que j'ai trouvée utile de faire soit juste avant le moment d'intimité ou au début de celui-ci consiste à "expirer pour que je puisse inspirer. C'est-à-dire que je vide mon esprit et mon cœur des bagages quotidiens et de l'encombrement afin que je puisse mieux recevoir ce que Dieu a pour moi.

Expirer peut impliquer de se décharger du poids des responsabilités quotidiennes et de se débarrasser de « tout fardeau et du péché qui nous cerne si facilement » (Hébreux 12 :1). Ou cela peut inclure de " décharger sur lui de tous vos soucis, car il prend soin de vous » (1 Pierre 5 :7).

Une autre excellente façon « d'expirer » est de commencer par un temps de réflexion et de confession. J'ai trouvé que ça me prépare à recevoir plus pleinement tout ce que Dieu veut dire ou faire.

9

SURMONTEZ LES OBSTACLES

Pendant que j'ai enseigné le concept de moment d'intimité avec Dieu au fil des ans, j'ai demandé aux gens de partager avec moi certains des obstacles qu'ils rencontrent de nature à entraver la jouissance de leurs moments d'intimité avec Dieu ou à les amener à ne même pas les planifier. Voici quelques-uns des obstacles les plus courants et quelques suggestions sur la manière de les surmonter :

L'obstacle de l'extravertie

L'idée de passer beaucoup de temps *seul* peut ne pas vous attirer si vous êtes stimulés par le fait d'être autour des gens. Donc, pour rendre le temps plus agréable et significatif pour vous, vous voudrez peut-être essayer d'impliquer d'autres personnes dans vos moments d'intimité avec Dieu.

Vous pouvez vous séparer une partie du temps, car même les extravertis ont besoin de temps *seuls* avec Dieu. Puis se retrouver plus tard pour partager vos expériences ou pour passer du temps à adorer et à apprécier Dieu ensemble.

Cela peut avoir l'avantage supplémentaire de construire une communauté et de rendre des comptes. En plus, c'est super de pouvoir parler avec quelqu'un de la manière dont Dieu vous a rencontré et comment vous grandissez.

L'obstacle de la responsabilité

La logistique pour garder nos responsabilités quotidiennes en ordre pour sortir peut vraiment être délicate parfois : travail, enfants, l'école, les activités extra-scolaires, l'église et les amis. Ces responsabilités remplissent notre vie et peuvent également rendre difficile de s'évader pour une période de temps prolongée.

C'est difficile, mais pas impossible.

Vous devez peut-être faire preuve de créativité. Pour les couples mariés avec des enfants, un conjoint peut garder les enfants tandis que l'autre est dans son moment d'intimité avec Dieu. Ou alors deux mères au foyer pourraient s'occuper à tour de rôle des enfants des uns des autres afin que chacun puisse avoir un moment d'intimité avec Dieu. Vous saisissez l'idée.

C'est vraiment une question de priorité. Pour des choses qui sont importantes pour nous, nous avons tous du temps, même si cela nous coûte quelque chose ou que nous devons être créatifs pour y arriver.

C'est important. Soyez créatif et faites en sorte que ça ait lieu !

L'obstacle du déficit d'attention

L'idée de passer autant de temps dans un tel état d'esprit et d'une concentration sans réserve peut ne pas vous interpeller si vous avez un déficit d'attention, que ce soit de ce côté ordinaire que beaucoup d'entre nous ont ou une version plus extrême. Mais ne laissez pas ça vous effrayer.

Cela ne change pas votre besoin de temps intime avec Dieu.

Il vaut peut-être mieux que vous ayez des moments d'intimité plus courts avec Dieu plus souvent. Ou peut-être avez-vous besoin de faire des pauses fréquentes pour faire quelque chose de physique. Tout comme vous avez appris à vous adapter dans d'autres parties de votre vie, vous pouvez également vous adapter à cette partie de votre vie. Le plus important est d'aller au plus profond de votre être intérieur et de partager à ce niveau avec Dieu, quelle que soit la durée de votre moment d'intimité.

L'obstacle de la distraction

Semblable à l'obstacle du déficit d'attention, l'obstacle de la distraction se porte également sur la concentration partagée, mais cela a plus à voir avec les distractions.

L'une des tactiques préférées de Satan pour entraver votre passe-temps avec Dieu est de vous rappeler continuellement toutes les choses que vous « devriez » faire au lieu d'un moment d'intimité avec Dieu. Avant que vous ne vous en rendiez compte, d'autres tâches et de détails envahissent votre esprit.

Vous pouvez difficilement vous détendre et encore moins vous concentrer.

Permettez-moi de partager un conseil que j'ai trouvé utile : gardez un stylo et un bloc de papier à proximité pour pouvoir noter tout ce qui vous vient à l'esprit. L'acte de noter une pensée distrayante peut vous aider à vous en débarrasser en réalisant que vous n'avez plus à vous inquiéter de l'oublier si c'est vraiment important de se le rappeler plus tard. Pendant que vous notez la pensée, dites-vous simplement : « J'y reviendrai plus tard. » Puis redirigez votre attention vers Celui que vous aimez.

Vous risquez d'enregistrer plusieurs pensées distrayantes sur une liste avant que votre esprit ne soit clair et que vous vous sentiez libre de vous concentrer pleinement à jouir Dieu. Mais ne vous découragez pas et n'abandonnez pas ! Seulement continuez à demander à Dieu de vous aider à vous concentrer et essayez de faire quelque chose de différent ou de changer de décor si c'est nécessaire.

Quels que soient les obstacles que vous rencontrez, n'abandonnez pas. C'est ce que veut Satan. Il connaît la joie, la paix et la puissance que vous trouverez en Christ si vous surmontez les obstacles. Alors il les fait paraître aussi grands qu'il le peut.

Ils ne sont pas en réalité si grands.

10

SAVOUREZ LES RÉCOMPENSES

Comme j'appréciais les moments d'intimité avec Dieu au fil des années, j'ai vu à quel point ils sont importants pour l'épanouissement de ma relation avec Lui. Quand je Lui donne du temps sans précipitation et sans partage, Il fait un certain nombre de choses pour approfondir ma marche avec Lui.

D'une part, Dieu me conduit vers une plus grande découverte de qui Il est et comment Il agit. Tandis que j'apprends à mieux Le connaître, je veux même Le connaître davantage. Mon admiration et mon amour pour lui grandissent.

Une autre chose qu'Il fait dans mes moments d'intimité avec Lui est de me conduire à faire des découvertes plus profondes sur moi-même. Parfois, je découvre des problèmes de caractère et de péché dans ma vie bien en dessous de la surface. Ce sont ces genres de choses qu'il est difficile de découvrir sans passer des temps de réflexion sans précipitation, sans l'incitation et la révélation de Celui qui m'aime parfaitement.

À d'autres moments, Dieu m'aide à comprendre pourquoi je ressens ou j'agis comme je le fais dans certaines situations ou de relations. Ou pourquoi je me sens et j'agis comme je le fais dans ma relation avec Lui.

Dieu m'amène aussi souvent à reconnaître et à abandonner quelque chose que je Lui ai caché. Et cet abandon apporte plus de joie, de liberté et d'intimité à ma relation avec Lui.

Je trouve toujours que passer du temps avec Dieu place les ennuis de ma vie dans une meilleure perspective. Cela réduit mon stress et augmente ma joie.

En fin de compte, j'*adore* vraiment être avec Lui. Et voici la surprise : je pense qu'il aime vraiment être avec moi aussi.

N'est-ce pas une pensée étonnante ? Dieu soupire avoir des moments d'intimité avec vous. Cela Lui procure une grande joie !

Il est temps de commencer

Je vous ai peut-être introduit un nouveau concept dans ce livret. J'ai défini pour vous ce qu'est un moment d'intimité avec Dieu, pourquoi c'est important et comment le faire. Je vous ai même parlé de toutes les récompenses.

Cela vous paraît-t-il bon ?

Pourquoi ne pas inscrire un moment d'intimité dans votre agenda dès maintenant ? Oui maintenant ! Posez ce livret et allez-y avant que les problèmes urgents de votre vie ne s'entassent de nouveau.

Je pense que Dieu sourirait de vous voir écrire Son nom pour un moment d'intimité à une heure précise d'un jour précis.

Il vous aime et attend avec impatience un moment d'intimité avec vous !

RESSOURCES RECOMMENDÉES

FORGEFORWARD.ORG / RESOURCES

Pour avoir accès à plus de nos ressources et d'informations, n'hésitez pas de vous rendre sur notre site internet *ForgeForward.org* ou téléchargez notre application *TheForgeApp.com.*

Vous pouvez aussi nous suivre sur les réseaux sociaux:

Instagram
Instagram.com/forginglives

Facebook
Facebook.com/forginglives

Youtube
Youtube.com/forgefoward

PLISTE DES BAGAGES

(…À PRENDRE AVEC VOUS POUR VOTRE MOMENT
D'INTIMITÉ AVEC DIEU)

Cette liste n'est pas définitive. Il s'agit tout simplement d'une référence rapide pour vous rafraîchir la mémoire ou pour vous aider à réfléchir sur les choses que vous voudrez peut-être prendre avec vous lorsque vous serez prêt à vous préparer pour votre propre moment d'intimité avec Dieu !

- Bible

- Journal et stylo (ordinateur portable, etc.)

- Liste de prière

- Cartes de correspondance pour écrire des notes d'encouragements

- Livre ou magazine de croissance spirituelle

- Musique

- Lecteur de chants de louange

- Instrument de musique

- Hymne ou livre de chants de louange

- Couverture ou chaise pour les endroits extérieurs

- Vêtements adaptés aux conditions météorologiques pour les endroits à l'extérieur (sweat-shirt, lunettes de soleil, crème solaire, couverture, etc.)

- Collations et boissons

A PROPOS DE L'AUTEUR

Dwight Robertson est le fondateur et président de FORGE: Kingdom Building Ministries. Il est un conférencier connu dans les universités, les conférences pastorales et de leadership, les églises et dans divers événements de croissance spirituelle.

La passion de Dwight est d'encourager les gens ordinaires à avoir un impact extraordinaire partout où Dieu leur a donné de l'influence : dans leurs familles, leurs quartiers, leurs écoles, leurs lieux de travail et leurs églises.

Dwight est l'auteur de *You Are God's Plan A*, *Forged by the fire* et *Spiritual Life Notebook*. Lui et sa femme, Dawn, vivent à Denver, dans le Colorado.

Si vous souhaitez programmer Dwight pour un événement, appelez Forge au 303.745.8191 ou visitez le site internet ForgeForward.org/Dwight-Robertson.

A PROPOS DE FORGE

FORGEFORWARD.ORG

Orateurs et événements
ForgeForward.org/Speakers

Livres publiés par Forge et ressources
ForgeForward.org/Resources

Programmes de formation de Forge
ForgeForward.org/Equipping

Pour nous contacter
Forge: Kingdom Building Ministries
14485 E Evans Avenue
Denver, Colorado 80014
303.745.8191
800.873.8957
info@forgeforward.org